Compañerismo de equipo

Katie Peters

Consultoras de GRL,
Diane Craig y Monica Marx,
especialistas certificadas en lectoescritura

ediciones Lerner ◆ Mineápolis

Nota de una consultora de GRL

Este libro, que pertenece a la serie Pull Ahead, ha sido diseñado con dedicación para lectores principiantes. Un equipo de expertos en practicar, 5 y lectura guiada ha revisado el libro y determinado su nivel para garantizar que quienes lo lean se superen y experimenten el éxito.

Traducción al español: copyright © 2023 por Lerner Publishing Group, Inc.
Título original: *Being a Good Teammate*
Texto: copyright © 2022 por Lerner Publishing Group, Inc.
La traducción al español fue realizada por Zab Translation.

ediciones Lerner
Una división de Lerner Publishing Group, Inc.
241 First Avenue North
Mineápolis, MN 55401, EE. UU.

Si desea averiguar acerca de niveles de lectura y para obtener más información, favor consultar este título en www.lernerbooks.com.

Fuente del texto del cuerpo principal: Memphis Pro 24/39.
Fuente proporcionada por Linotype.

Las imágenes de este libro cuentan con el permiso de: © FatCamera/Getty Images, pp. 6–7, 12–13; © ilbusca/Getty Images, p. 3; © Jupiterimages/Getty Images, pp. 10–11, 16 (izquierda); © kali9/Getty Images, pp. 4–5, 16 (centro); © SDI Productions/Getty Images, pp. 8–9, 16 (derecha); © Thomas Barwick/Getty Images, pp. 14–15. Portada: © FatCamera/Getty Images.

Library of Congress Cataloging-in-Publication Data

Names: Peters, Katie, author.
Title: Compañerismo de equipo / Katie Peters.
Other titles: Being a good teammate. Spanish
Description: Minneápolis : ediciones Lerner, 2022. | Series: Espíritu deportivo. Pull ahead readers people smarts en español | Includes index. | Audience: Ages 4–-7 | Audience: Grades K–1 | Summary: "See what it means to play on a team. Practice, play, win, and lose with your teammates. This Spanish book pairs with the fiction title El equipo de Reiko"— Provided by publisher.
Identifiers: LCCN 2021049090 (print) | LCCN 2021049091 (ebook) | ISBN 9781728458861 (library binding) | ISBN 9781728462790 (paperback) | ISBN 9781728460901 (ebook)
Subjects: LCSH: Teamwork (Sports)—Juvenile literature. | Sportsmanship—Juvenile literature.
Classification: LCC GV706.8 .P4618 2022 (print) | LCC GV706.8 (ebook) | DDC 796—dc23/ eng/20211109

LC record available at https://lccn.loc.gov/2021049090
LC ebook record available at https://lccn.loc.gov/2021049091

Fabricado en los Estados Unidos de América
1-50920-50226-10/25/2021

Contenido

Compañerismo de equipo

Practico con mis compañeros de equipo.

Juego con mis compañeros de equipo.

Gano con mis compañeros
de equipo.

Pierdo con mis compañeros
de equipo.

Aliento con mis compañeros de equipo.

¿Puedes pensar sobre un momento en el que fuiste un buen compañero o compañera de equipo?

¿Lo viste?

cono

copa

entrenador

Índice

¡Mis compañeras de equipo son divertidas!